A l'écoute de mon cœur

Anne-Cé Lebert

MIXTE
Papier issu de sources responsables
Paper from responsible sources
FSC® C105338

Anne-Cé Lebert

A l'écoute de mon cœur

Les numéros accolés aux titres de certains textes,
renvoient à leurs murmures échappés et réunis dans le recueil
Mes murmures font le mur II.

Les pages blanches sont des espaces libres et privilégiés,
des invitations, quelques secondes aussi courtes que longues,
à des respirations, pour peut-être laisser surgir et accueillir
en conscience, des sensations, des souvenirs.

En application de la loi du 11 mars 1957, il est interdit
de reproduire, traduire ou adapter intégralement ou partiellement
le présent ouvrage, sur quelque support que ce soit,
sans l'autorisation de l'auteur ou de ses ayants droit.

© 2024 Anne-Cécile Lebert
Illustrations, couverture, design Anne-Cécile Lebert

Édition : BoD · Books on Demand, 31 avenue Saint-Rémy,
57600 Forbach, bod@bod.fr

ISBN : 978-2-3225-7261-8
Dépôt légal 1re publication : mai 2024
Dépôt légal nouvelle publication : mai 2025

Les choses et sentiments de la vie,
l'amour et la mort aussi.
Des épreuves comme autant de chances
de se rencontrer, s'apprivoiser,
s'accepter, s'aimer

                                    et aimer
                                l'autre aussi.

Anne-Cé Lebert

A porter de nouveau mon nom de naissance,
c'est comme si, mon père s'était trouvé
dans l'encadrement de la porte et m'avait
fait signe d'entrer, après une longue absence.

Comme s'il m'avait accueillie au creux de ses
                                           bras,
après un l o n g voyage.

Lebert. Tel est mon nom. Celui de mon père.

Le nom de mon père (1)

Anne-Cé Lebert

Je m'étais tellement éloignée de moi,
Que je me suis perdue.
Je m'étais tellement éloignée de moi,
Que mon corps m'a rappelée à l'ordre.

Horde de maux m'a envahie.
Vagues successives, submersives.

Reçu l'ordre de mettre de l'ordre
dans tout ce fouillis.
Ce cafouillis qu'était devenue ma vie,
Au point de la perdre.

A la malmener, elle a tenté de se barrer.

Submersion

Commencer, recommencer,
ajouter, rajouter des couches
et encore des couches
de papier, de pensées,
rivées, dérivées, froissées, ridées,
ma peau, ma vie,
ce que je vis.

Les mots se bousculent dans ma tête.
Mon cœur bat.
Ça y est. J'ai retrouvé ma voie.
J'ai retrouvé ma voix.

Les mots se succèdent, prennent vie,
inventent leurs lignes,
filent, s'enchainent, flirtent avec l'infini.
Dessiner des lettres, créer des mots
pour dépeindre les choses de la vie,
la mienne, et la vôtre aussi.

Entrer sans faire de bruit,
sur la pointe de la mine,
doucement faire glisser l'encre
pour que les sentiments
parlent sans mentir, sans trahir –
sans trahir en moi, ce que je sais,
d'où je viens.
Moi seule, sais ce que j'ai fait,
vu, vécu, pleuré, appris à lâcher.

Mes blessures, mon passé aujourd'hui évoqués,
c'est le temps d'après qui apparait.

Les choses de la vie

Aujourd'hui, telle que je me présente,
rien n'est plus comme avant.
Je me lance dans l'à-venir.
J'ai appris et accepté les expériences,
mes héritages, les générations passées,
leurs bagages.
Je les dépose et m'incline.

Il est temps désormais d'emprunter
mon propre chemin.
Je marche vers mes demains.
Seule, je l'ai toujours été,
autant que j'ai, parfois, été accompagnée.

Les chants des anges,
les secrets des anciens,
soufflent, murmurent, m'insufflent
la sagesse, les leçons, les pardons.

En moi, comme en chacun, se trouve le monde.

Le monde

A l'écoute de mon cœur

Je lève les yeux.
Là où je me trouve,
allongée, dans mon lit,
tombeau de qui je ne suis déjà plus,
contre le mur,
tout contre la fenêtre,
le regard perdu,
vers les cieux,   je respire

                                                  à peine.

                                                  Je sens

                                                  à peine
ma poitrine se soulever.
A chaque timide respiration,   ma peine.

Mes yeux s'accrochent au bleu du ciel,
cherchent une réponse, guettent un signe.
Rien qu'un signe. Supplient.
En pleurent. Rien qu'un signe.

                      Celui qui me retiendra à la vie.

Rien d'autre ne se passe –
que le temps qui m'efface de cette vie-là.
Sur moi, rien d'autre ne se passe.

Ma poitrine se soulève discrètement,
secrètement,
désespérément.
                      Peut-être même inutilement.

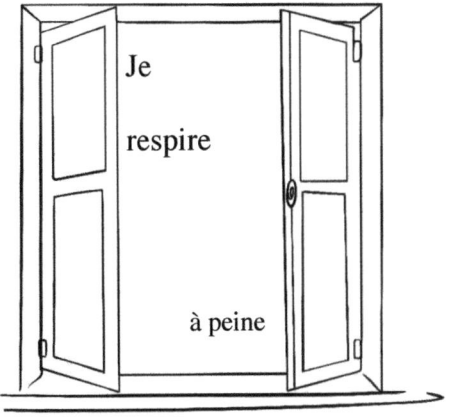

Qui se doute que je mène cette lutte pour
rester en vie ?
Qui se doute que chaque seconde, je joue
ma vie ?

Qui se préoccupe de mes doutes,
de mon combat pour rester en vie ?

Qui ? (12)

Que de temps perdu à attendre. Attendre la vie – attendre que le temps change, temps suspendu lors de l'attente tandis que, je le vois bien, le monde autour de moi, tourne, tourne, tourne sans moi, sans avoir le temps d'attendre, sans avoir de temps à perdre… Tourne, tourne, la roue tourne. Tourne. Tourne. Mais, jusqu'où ?

Jusqu'où ?

Nourrie au biberon, élevée sous l'œil
bienveillant d'une employée de maison,
je me sentais abandonnée.

Aimée   mais abandonnée.

Physiquement et émotionnellement, séparée
de ma maman, le manque de ses bras, ne m'a
jamais quittée.

J'avais besoin de ses bras, de sa voix.
J'avais besoin d'entendre ses mots.
Les siens, pas ceux d'une autre.
J'avais besoin de sentir sa peau,
les battements de son cœur.
Je manquais de ses vibrations.
Je manquais de ces corps à corps.
Je voulais des cœur à cœur,
des peau à peau.
Je n'avais besoin de rien d'autre.
Je n'avais besoin de personne d'autre.

Je me sentais abandonnée.

Aimée   mais abandonnée.

A l'écoute de mon cœur

Abandonnée

Nous avons toujours le choix.
Ecouter notre petite voix,
au fond de soi,
la suivre et l'honorer.

Elle connait la mélodie, le chant de la vie.

Et surtout, ne pas oublier de danser,
s'accompagner,
marquer chacun de nos pas, l'un après l'autre,
honorer les maux, scander leurs mots,
les embrasser, les chanter,
murmurer, aimer.
En un mot,
Vibrer.

Au fond de soi

Ces lames creusent leurs sillons,
créent leurs chemins, connaissent la chanson.
Dès le trop-plein, dès les besoins,
les gouttes de chagrin
sont toujours solidaires, se tiennent la main !
Il y en a une, il y en a dix.
Il y en a cent, il y en a mille.

Elles surgissent en torrents,
créent des allées, des billons,
forment leurs artères
qu'elles creusent, créent et réinventent.

Elles se dévouent,
se jettent au-delà des joues,
du menton et du cou.
Elles roulent, glissent, se font plaisir.

Les lames se déversent, se libèrent.
Mon cœur aussi,
vidé, se sent libéré, soulagé
de tout ce poids, tel un nuage sous les orages,
ainsi libéré de toute sa pluie.

A couler, faire couler, laisser couler
des torrents de larmes,
mon cœur connait bien l'histoire,
en témoigne mon visage,
marqué, creusé, sillonné
par les peines, les chagrins,
les douleurs et les pleurs.

Lames d'eau

Si on se croisait dans la rue, dans un café,
est-ce qu'on se plairait ?
Est-ce qu'on se rapprocherait
pour tenter une rencontre ?
Nos cœurs tout contre ?
Nos yeux curieux,
sur l'un sur l'autre,
à en faire rougir
notre peau, nos souvenirs.

On engagerait la discussion -
première approche qui en dirait long -
Parlerais-tu de nous ?
Préfèrerais-tu en garder le silence,
tous les secrets ?

Si l'on se rencontrait -
On se raconterait nos vies passées.
Je ne me reconnaitrais probablement pas
dans ce portrait que tu dresserais de moi.
Parce que je sais, déjà, sans hésiter,
que je ne me reconnais déjà plus
dans ces scènes vécues,
ces scènes sans cesse répétées,
jouées et rejouées,
criées, pleurées,
sur des airs de déjà-vu et revu -

Ce que je sais,
parce que lasse et réconciliée,
si, aujourd'hui, je te rencontrais,
je te saluerais et te regarderais.
J'écouterais chacun de tes mots,
chacun de tes gestes.

Je gouterais chacun de tes souffles
qui me rappelleraient nos amours.
J'aimerais chacun de tes regards volés.

Puis, à la nuit tombée, je partirais.

Egratigné, écorché,
usé, fatigué,
désillusionné,
mon cœur rapiécé à volonté,
se suffit désormais.

Si l'on se rencontrait demain,
je te laisserais t'éloigner,
poursuivre ton chemin.
Je me retournerais, pour suivre le mien.

Si on se rencontrait

Clouée au sol,
je vois passer le temps,
les passants, les enfants,
leurs histoires, leurs espoirs, mes souvenirs,
leur envol.

La vie passe. Le temps défile.
Ma vie d'avant. Ma vie de maintenant.
Pour moi, rien ne se profile.
Je me sens vieillir, dépérir, mourir
l e n t e m e n t.

Clouée (9)

A l'écoute de mon cœur

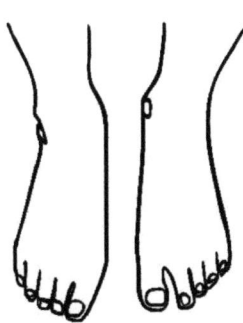

Etre touchée par la maladie a été un cadeau,
une nouvelle opportunité de changer
de regard et faire une pause -
plus ou moins longue,
plus ou moins difficile,
plus ou moins éprouvante,
plus ou moins dévastatrice.
Et enfin me relever, corriger la trajectoire,
y voir plus net, plus clair,
être honnête avec moi-même, face à l'Univers.

Lorsque la maladie m'a progressivement touchée
puis, frappée, le temps qu'il m'a été donné
de l'expérimenter est apparu suspendu.
Suspendu à un fil d'une épaisseur infime,
un fil de soi e à l'image de mon estime.
La vie continue
pour les uns, pour les autres,
alors que mon temps à moi, est ainsi devenu étiré,
ralenti – ô combien compté,
comme pour me forcer la main,
m'aider à assimiler l'événement,
la cassure,
la rupture
et peut-être en découvrir le message,
le présent savamment déguisé.

Comme pour m'amener à accepter l'après
auquel je décidais de ne plus échapper.

Franchir ce pas-sage
et changer de chemin.
A jamais transformée.

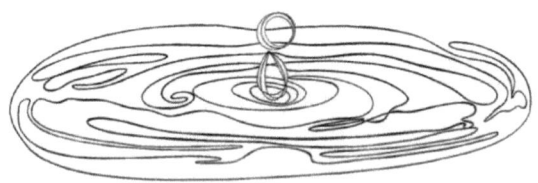

La maladie m'a sauvé la vie (14)

Elle ne voulait pas d'une seconde fille.
Non. Elle voulait un garçon.

                Me l'a suffisamment répété.

Alors, enfant, j'ai tout tenté
pour me faire pardonner, de ne pas être née
comme elle l'avait désiré, l'avait rêvé.

Je suis devenue un *vrai* garçon manqué,
une fille cachée, masquée, étouffée.
J'ai avancé, camouflée, déguisée, singée,
dans l'espoir de me faire oublier,
de me faire accepter
et peut-être même, d'elle, me faire aimer.

            Peines et identités perdues.

A essayer de me calquer sur ses désirs projetés,
ses idées, ses envies, ses volontés,
j'en ai oublié d'exister.
Me suis empêchée d'être
et de vivre ce qui m'était inné.

          Nous ne nous sommes jamais
              vraiment rencontrées.
  Elle n'a jamais eu ce garçon qu'elle désirait.
   Je n'ai jamais eu la maman que j'espérais.

Peines perdues (6)

Ecrire pour continuer à vivre.
Trouver la poésie où elle est,
où elle réside
et surtout là où on ne la perçoit pas,
si on ne la cherche pas.

La poésie est ma grande amie,
ma confidente,
en qui j'ai toute confiance.
La pointe,
la plume, aussi légères soient-elles,
permettent des tracés de lignes
dessinées, écrites, criées,
pleurées, déchirées, caressées.

Les fils d'encre ainsi formés,
font apparaitre leurs mots, émotions,
sensations, vibrations -
jusqu'alors, passés sous silence -
jusqu'à en prendre tout leur sens -

    Sens de la vie, de l'envie, des envies –
    Rester en vie – à tout prix.

(16) A tout prix

Pourquoi moi ?
Pourquoi pas le voisin,
ou la femme avec son chien ?
L'homme au chapeau
maigre, vieux et beau ?

L'air timide souffle,
insuffle ses mystères, ses secrets dévoilés.
Il est temps de me réveiller, reprendre mon souffle.

Les gouttes de pluie glissent sur les vitres,
les pavés. Suis toujours là.
La nuit est là, en moi. Il fait nuit au fond de moi.

Le soleil assèche les gouttes, figées.

A mon réveil,
je balaie
le vent, la pluie, mon regard, d'un revers
de main.
Je balaie tous ces matins chagrins et ces lents
demains.

J'apprends et comprends ce qui est.
J'accepte et embrasse celle que je suis !

Je ne suis pas autre !

Devant ce gigantesque miroir,
perdue,

à ce point
complexée,

isolée,
si
pas accompagnée,

une jeune fille
porte le rasoir de son père,
à son propre visage,

plaque la lame sur son duvet
devenu moins discret,
suit le contour des lèvres,
fait comme son père,

caresse consciencieusement les narines,
à leur naissance,
racle sa peau si jeune, si fine.

Mi-garçon, mi-fille.
Ne plus être rabaissée.

Le bas du visage ainsi rasé,
espérer ne plus être moquée.

Le rasoir de son père (2)

A l'écoute de mon cœur

Je ne veux plus laisser mes maux sous silence.
Je veux leur donner corps, substance,
Sons et vibrations.
Je veux leur offrir mes lignes,
mes dessins, leurs empreintes sublimés,
mes gestes, mouvements saccadés,
rythmés, cadencés.

Physiques sont mes pensées
à qui je donne vie,
comme elles, m'ont retenue à la vie,
durant tant d'années.

M'y suis accrochée,
tel le crochet, guidé, vers l'objet qu'il crée.

Mes maux, mémoriaux de mon passé
vécu ou hérité,
irrités, à me gratter
jusqu'au sang, sans tant de ressentiments
pour ceux qui m'ont trahie,
anéantie.

Désormais consolée, réconciliée et libérée,
je veux dire, déclamer ou murmurer
mes mots, sous vos yeux, dévoilés !

A mots dévoilés

Craquelé, *vaguelé*.
Conséquence d'un soulèvement,
un soubresaut,
sous la peau.
Une secousse soulève
et témoigne ainsi d'un tremblement de chair
à en faire sauter la plaque cornée.
Le lit est défait, froissé, dévasté.
Déflagration de tout un système
qui se régénère naturellement,

       l e n t e m e n t.

Le temps calme,
adoucit,   apprivoise   et répare
la plupart des tempêtes.
Aussi petites,
aussi impressionnantes,
aussi immensément
dévastatrices soient-elles...

Lentement, le temps calme les tempêtes.

L'ongle (5)

J'm'ennuie.
Je n'ai pas rêvé cette vie.
Il y a erreur.
Si ça continue, je vais mourir,
mourir d'ennui.

J'm'ennuie.
C'était pas prévu.
Moi, je voulais du bruit,
des rires, des éclaboussures,
des cris de joie, des imprévus.

J'm'ennuie.
Je les vois tous, aller, venir,
parler, courir, s'épanouir.
A rester figée, immobile,
je vais finir par m'évanouir. Dépérir.

J'm'ennuie.
Me suis trompée de train, de destination.
Personne ne semble m'attendre.
Ne reste que moi, sur le quai, à attendre.

L'ennui
fait peut-être partie
du voyage que j'ai choisi.
Sans le savoir, l'ennui, mon voyage,
mon chemin de vie.

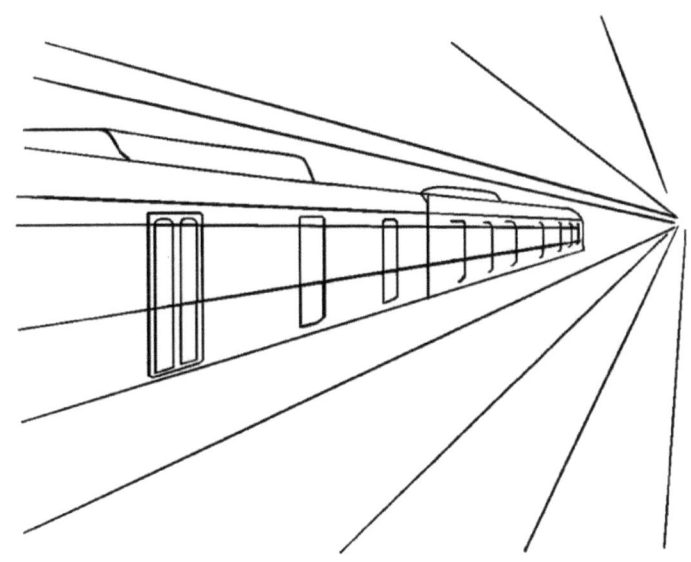

Ennui

Tant d'âmes blessées, tues,
dans l'indifférence. Des inconnus,
des oubliés,
des étrangers, des familiers.

    Chaque vie oubliée est une perte niée.

Vies oubliées

Je suis l'unique responsable de la vie que je
crée.
Créations
Actions
Réactions
Recréations

Mes *créactions* trouvent leur origine dans ma vie et les « accidents » - événements qui jalonnent mon chemin, me cabossent, me blessent, m'abîment, m'usent, me bousculent. Agressions violences intrusions invasions trahisons ouragans bouleversements - terrain dévasté, destin chahuté, corps brisé, ressuscité.

Celle que j'étais se déconstruit,
ne sera plus.

Ainsi, je me sauve la Vie.

Ainsi, va la vie

Comment ça, je n'ai rien dit ?
Ne dites pas que je n'ai rien dit.
Regardez-moi bien. Oui,
Mon corps a déjà tout dit.

L'impensable, l'infâme, l'inimaginable
Sur moi, c'était lui.
Il a partagé notre table, notre logis.
Sur moi, regardez imprimé l'indicible.

Pas vu, pas pris.
J'ai hurlé, j'ai prié.
N'avez-vous vraiment vu aucun de mes cris ?
Rien entendu de mes larmes qui suppliaient ?

Il est parti, jamais inquiété.
A croire que finalement, il n'avait rien fait.
Comme si rien ne s'était passé.
Seulement, moi, je le sais.

Mon corps a déjà tout dit.
Sur moi, regardez, sont imprimés mes cris.
Rien entendu.
Comme mes larmes suppliaient.
Seulement, moi, je le sais.
Rien vu.
Comme mon cœur pleurait.
Moi, seule, le sais.

Sur moi

A l'écoute de mon cœur

Un très léger brin de vent fait frémir
les feuilles orangées.
Elles vacillent, dansent, de longues secondes
entraînées par une harmonie,
une unité que je ne peux que deviner -
Toutes vers la même destinée.

Certaines frémissent à peine.
D'autres, encore, ne semblent pas être
touchées par ce qu'il se passe.
Pas un frisson.
Pas un sursaut - rien.

Les feuilles sèches tombent au sol, claquent
puis craquent sous nos pas indifférents,
légers, lourds, pressés ou lents
mais toujours indifférents.

Un passant en fauteuil roulant,
jeune, ébouriffé et mal rasé
hoche la tête et me sourit
« Ça fait du bien de vous voir écrire !»

Ses mains glissent sans bruit
sur les roues qui écrasent
les feuilles qui crépitent.
Ses bras comme les pales d'un moulin
créent le vent qui le porte plus loin.

Les feuilles mortes se brisent sous les pas
indifférents des passants qui passent.

Je reste là, sur ce banc
et accompagne ces morts silencieuses
aussi belles qu'ignorées…

Dans quelques heures,

                              nous serons tous confinés.

                                    Sous le platane

Je me sens comme la Belle au bois dormant,
sans le Prince charmant
mais avec le baiser de l'Univers
qui me ramène à la vie,
me réveille et me libère
après tant d'années.

Il est temps de poursuivre ma vie, mes envies,
les réaliser, les concrétiser, les vivre.

Il est temps.

Je reprends le pouvoir
et ressens l'*empuissancement*
me gagner, m'envahir, prendre place –
en moi, prendre sa place.

Belle au bois dormant (3)

A ne pas avoir su à quoi je ressemblais, petite,
ce n'est qu'une fois bien grandie,
autant dire, bien tard,
que j'ai compris combien j'avais été jolie !

Le temps a passé.
Les épreuves se sont succédées.
Dedans, par-dessus, au-dehors
mon cœur, mon corps en témoignent encore.

Puissants et forts sont les dommages,
laissés sur mon corps, et mon visage.

Ce n'est pas une question d'âge,
mais d'épreuves avec leurs traces et leurs
                                      ravages.

Ainsi, depuis quelques années, je m'astreins à regarder mon reflet, pour ne pas, un jour, croiser mon regard dans un miroir et dans un sursaut de stupeur, me désoler et me demander, accablée et affligée « *Mais que s'est-il passé ?* »

Chaque jour, j'apprivoise l'image de ce visage
et de ce corps qui m'abrite, me protège et
m'accompagne.

Cet assemblage désaxé, tout bien décalé qui se
rapproche discrètement d'une représentation
abstraite des adversités traversées,
est à l'image de ma vie !

Ainsi, au fil des journées, des années,
j'observe mon visage à l'œuvre !

Ajustage en équilibre sur le fil du temps,
tels sont mon corps, mon visage ainsi façonnés
par mon passé chaque jour renouvelé !

Miroir, Miroir ! (20)

La mer m'enveloppe.

Fais l'expérience de ne ressentir aucune
frontière entre l'élément et ma peau,
mon enveloppe.

Mon corps, la matière ont changé.

La mer m'accueille, me reconnait.

Chaque millimètre carré de peau
se lie, se relie à chaque cellule de l'eau.

Un^i es.

Unes (23)

Je ne garde plus rien.
Je ne retiens plus rien.

Les mots dansent sur mes cordes et déchirent
$$\text{le silence.}$$

Leur fracas provoque alors de nouveau
$$\text{la cadence,}$$
balance le rythme,
scande les ondes, crée de nouvelles fréquences,
brise le mutisme
pour que la corde ne menace plus de me pendre.

$$\text{Corde, corps-de } {}^{\text{mots}}_{\text{maux}}$$

Donner corps, donner voix,
encore plus fort. Ecoutez-moi !

Retrouver mes accords.
Accorder mon âme à mon cœur,
Mon cœur à mon corps,

Mon corps au monde.

Mes accords (21)

Je suis née sur cette terre,
de mon père, de ma mère.
Tel est mon repère
et mon point de départ,
le début du voyage, le chemin
qui m'éloigne des miens.

Je pars sereine, allégée.
Je n'ai pas à rester.
Je me dois même de m'éloigner.
Partir vers mon devenir.
Partir pour ne plus survivre.
Partir pour vivre.
Partir vers plus de rires,
sentir mon corps qui vibre.

La lumière en mon cœur brille.

Sentir les vibrations sans raison.
Juste la vie.
Toute la vie.

Les mesures du souffle.
La force que mon cœur a, de battre encore.

Sentir les vibrations sans raison.
Juste la vie.
Toute la vie.

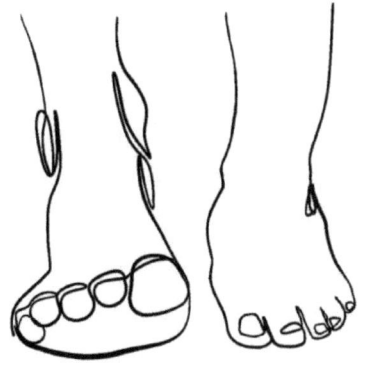

La vie.

Que reste-t-il de nous ?
Qu'avons-nous fait ?
Que s'est-il passé ?
C'est tellement plus nous ?

Je ne me reconnais plus.
Dans tes yeux, je ne me vois plus.
Et dans ton cœur, dis-moi
Ai-je encore une place en toi ?

Je ne te reconnais plus.
Devant mes yeux, tu ne restes plus.
Et dans mes bras, dis-moi
Tu ne prends plus ta place en moi ?

On ne se connait plus.
Dans ton quotidien, je n'existe plus.
Dans ton paysage, dis-moi
Ferais-tu ta vie sans moi ?

On était tellement fous !
Fous d'espoirs, de rires, d'amour.
Ce n'est tellement plus nous.
Désormais, tout est flou.

Que reste-t-il de nous ?
Qu'avons-nous fait ?
Que s'est-il passé ?
Ce n'est tellement plus nous ?

On s'accroche à nos souvenirs.
C'est bien ce qu'on peut faire de pire.

Que reste-t-il ? (8)

Je voulais voir la mer.
Je voulais voir sous ce ciel nuit bleu,
les éclats projetés vers les étoiles aveuglées.
Je voulais voir ces étincelles de mes propres yeux.

Je voulais entendre les crépitements,
sentir les vibrations dans mon cœur,
avoir peur pour les oiseaux et compatir
avec les enfants qui pleurent de peur
et crient de tant de bruit.

Feux d'artifice, polluants, bruyants -
aberrations festives, artificielles
qui me rappellent l'insouciance,
la joie de l'extra ordinaire,
l'enthousiasme des esprits de la fête.

Je voulais juste sortir de mon ordinaire,
ressentir quelques secondes,
quelques minutes – tout au plus
ce que je ressentais enfant -

des cris d'émerveillement, des rires de joie,
des éclats de mille feux.
Admirer ces étincelles
et ainsi honorer celles
qui avaient été éteintes, dans mes yeux d'enfant ;
enfant que je n'étais plus.

Etincelles (17)

Que de frissons, leçons, raisons
        résonnances
           danses de l'âme
Emotions, fleurs de peau
Me sens en vie.
    Envie de courir
    de vivre
              vite.
     Vivre la vie.
            Vite !
Plus de temps à perdre.
Comprends comment faire.

Me libère et crée ma réalité, mes propres rêves
rêves intimes,
secrets ?

Cette réalité me sauve.
        Je me sauve la vie.

    Je suis ma propre sauveuse.
  Nous sommes nos propres sauveur-euses !
     ¡ sǝsnǝɹnǝɥ-ʌnɐs

  Personne d'autre que nous-mêmes,
  ne peut jamais nous sauver nous-mêmes !

        Sauvheureuses !

Je n'avais rien.
Ni maison, ni placement,
Ni partenaire, ni enfant.
Juste une voiture et mes bagages.

Les plus lourds à porter étaient ceux
Que mes aïeux avaient laissés.
Ces fils tissés me retenaient, m'empêchaient.

Je me sentais libre.
Je pouvais mourir.
Cette idée me tentait.
Familière, elle me rassurait.

Je n'avais pas peur de mourir.
Je m'y préparais, chaque jour
Qu'il m'était offert de vivre.
Je me sentais légère à l'idée de mourir.

Ne rien laisser d'autre que chairs,
Os, boyaux et viscères.
Un petit tour au cimetière
Et retour à la terre.

Les mamans de mes parents pourtant
M'habitaient, m'accompagnaient.
Leur sang coule dans mes veines.
Comme une évidence, je désirais cette enfant.

Lorsque je regarde ma fille,
Je vois le cadeau d'une vie.
Chaque jour tisse
Les fils usés, cassés, repris, reprisés.

Je voudrais encore tisser
Ces liens, ces fils, secrets de vies.
Permettre au temps de m'y suspendre.
Je n'ai plus cette légèreté de vouloir mourir.

Cadeau d'une vie (18)

Il venait d'un pays dévasté,
pillé par les guerres, la haine et la violence,
ruiné par des hommes armés de leur inhumanité.

Il m'a dévastée, a ruiné ce corps devenu
champ de batailles, de souffrances, en deuils.

Il a brisé l'enfant que j'étais
comme ils ont ravagé le pays d'où il venait.

Il a fui le pays où il est né.
Il a envahi le corps où je suis née.

Il a été déraciné et sauvé d'un monde enseveli
sous les débris, les cris, les morts.
Il m'a arrachée et condamnée hors du monde
de l'enfance, m'a anéantie sans bruit, sans cri,
sans remords.

Champ de batailles (13)

A l'écoute de mon cœur

Des heures, des jours suspendus,   perdue,
entre le désir,
le passé,
les souvenirs
entremêlés.
Bouleversée par l'annonce.

Tu ne te manifesteras pas.   Par don.

J'ai décliné l'invitation,
et ne deviendrai pas ta mère de chair.

Malgré cette résignation,
je le suis devenue dans mon cœur.

                                                                                     Par don.

Je ne t'ai pas donné la chance de prendre corps dans
le mien.
Je ne me suis pas donné cette opportunité de t'accueillir en
mon sein.

Il en a été ainsi.

                                                                                     Par don.

                                                                                     Par don (7)

Des fleurs sous le ciel. Et sous-terre, les vers
grignotent, rongent, se nourrissent.
La vie pousse et grouille à travers ma dépouille.
Immobile, je suis désormais utile !

Je n'existe plus pour le monde au-dessus.
Je fais partie de la Nature,
participe à son cycle, à son futur.

Allongée face à l'éternité,
je suis désormais,
sans aucun doute,
source de toutes les beautés !

Nul besoin de pleurer !
Chacun sa part,
chacun son tour.
Vous tous, y viendrez !

Mais encore faut-il le mériter.
Cessez de vous impatienter !
Faites votre part dans ce monde-là,
et vous aussi y aurez droit !

Ne plus exister pour le monde au-dessus,
faire enfin partie de la Nature
et participer comme jamais,
à son cycle, à son futur.

Sous le ciel et sous-terre (24)

Nous croyons
                        ne pas pouvoir faire face.
                 Ne pas être à la hauteur.
Nous croyons
   ne pas pouvoir garder la tête hors de l'eau.
               Nous croyons perdre pied,
                       nous noyer.

Puis, la vie nous surprend,
nous apprend à la regarder en face.
Ne pas croire aux leurres.
Grâce aux pleurs,
continuer, insister, résister,
suffoquer mais – résister -
pauser, flotter,
puis,

une fois le calme retrouvé,

nager, voguer – avancer.

Et finir par voir
que nous avons fait face.
Nous sommes à la hauteur.

    Nous avons gardé la tête hors de l'eau.

Hors de l'eau

De toutes mes forces, je m'efforce de retenir
un rire nerveux.
Manque de m'étouffer.
Le ton monte.
Sens que je dois me contenir.
Impossible.
Trop de tension.
L'air est électrique.

Je sens la proximité moite intimidante gênante
et oppressante de cette femme trop âgée
pour encore enseigner.
Elle n'en est pas digne.
Il fait chaud.
Suis assise trop près d'elle, à son bureau.
J'ai onze ans.

Perd son sang-froid. Se soulage.

Ma joue droite marquée de ses doigts décalqués.

Un silence glacial envahit la salle de classe
puis,
disparait sous les chuchotements de stupeur
puis
des gloussements étouffés.
Vibrations et bourdonnements
martèlent, tambourinent et résonnent
sous ma peau, dans ma tête.
Le tympan semble être prêt à exploser.
Mes yeux ne vont pas parvenir
à contenir les larmes qui se bousculent.
Mâchoire crispée, vissée, bloquée.
J'ai mal à la tête.

Réponds !
                    Tente de produire un son.

                    Les larmes s'enfuient
                        et se déversent.
                  Je ne perçois plus rien.
                    J'ai mal à la tête.

La vieille agresseuse reste menaçante.
Sa corpulence est imposante.
Son pouvoir écrasant, humiliant.
                        Je balbutie,
                     le souffle coupé.
              Mes yeux débordent de larmes.
                  Je ne vois plus rien.
                    J'ai mal à la tête.

Dès que l'ordre m'en est donné,
        m'agrippe à ma feuille de papier
        froissée, griffonnée, chiffonnée.
                  Je ne vois plus net.
             Tout n'est plus que confusion.
                  Le bruit. Les ombres.
             Tout est vague, flou, embué.

                Essaye de ne pas tituber.
     Fais comme si le sol ne se dérobait pas
         sous mes pas fragiles, hésitants.
        Fais comme si je ne souffrais pas.
                  J'ai mal à la tête.

    Ce jour-là, qui a retenu sa leçon ?
      Ce jour-là, qui a échoué ?

         J'ai mal à la tête

- Maman, la prof de Français m'a giflée -

- C'est que tu devais l'avoir bien mérité !

Je n'ai vu venir ni la première, ni la seconde gifle.
La première a percuté mon corps.
La seconde a percuté mon cœur.

Brisée en mille morceaux.
Plus aucun repère.
Aucun repaire.

C'était un samedi midi.

Un samedi midi

A l'écoute de mon cœur

Touchée, affaiblie, percutée, anéantie.
Critiquée, dénigrée, insultée, humiliée.

Les coups, les égratignures, les blessures,
les injures, autant de fêlures, de craquelures
qui m'ont enseigné humilité et humanité.

De ces fissures, parait la lumière !
J'y vois désormais, beaucoup plus clair !

Humanité !

Ces instants où plusieurs vies se jouent.
Indescriptibles moments de vérité où
les mises en jeu ne permettent aucune triche.
Heures uniques, critiques où
nous pouvons donner, retirer ou perdre la vie.

Perdre les eaux, donner naissance,
donner le jour, perdre nos nuits,
trouver un nouveau sens à nos vies.

Submergées, comblées ou anéanties.
Effondrées, déchirées ou détruites.

Le vivre et ne pouvoir le décrire.
Le vivre et ne pouvoir rien en dire.

Poser le voile sur ce qui est.
Ce qui est tu, ne sera pas su.
Ce qui n'est pas raconté
n'a existé que par et pour celles qui l'ont vécu.

Délivrées, arrachées, libérées, cicatrisées ou
                                        jamais.
Accepter, donner, égoïstes ou altruistes,
généreuses ou individualistes.

Enfanter, perpétuer, créer et ne rien pouvoir en
                                        dire -

Mais le vivre.

Le vivre

Anne-Cé Lebert

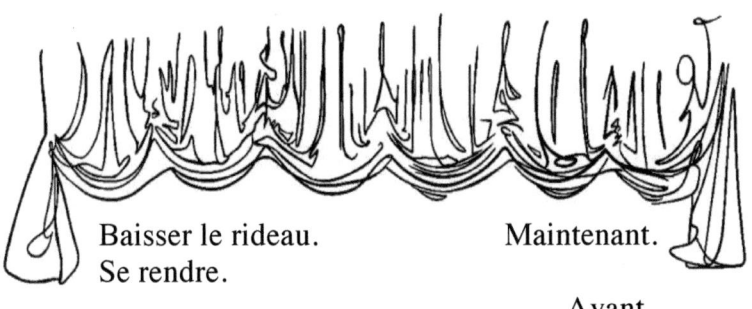

Baisser le rideau.   Maintenant.
Se rendre.

                                 Avant

qu'il ne soit trop tard.

                                 Avant

de se perdre, de se pendre   avec.

             Est-il un jour trop tard ?

                             Rideau ! (15)

Arbres, terres, rivières,
notre Mère en a tant besoin.
Ne t'arrête pas au pire et continue
à faire le bien, à vouloir te réjouir,
à embellir ce qui en a tant besoin.

Il suffit d'un rien, un regard, un sourire,
trois fois rien, juste une main, un simple geste
                                              à offrir.

Face à la terreur, face à la peur,
brandis tes armes, ouvre tes bras,
accueille les larmes
et bats-toi !

Regarde. N'aie pas peur.
Regarde au fond de toi. N'aie plus peur.

N'aie plus peur

Dans la salle d'attente,
des moins confortables et accueillantes,
nous sommes cinq patients qui patientent
en écoutant les conversations joyeuses et
bruyantes au sein de l'équipe de soin.

Chacun prétend être occupé.
Personne n'ose se regarder, se parler.
Je n'ose pas non plus briser la glace.
Reste dans mon coin, à ma place
de patiente qui patiente.

Nos boyaux se font entendre. C'est gênant.
Nul besoin cependant de nous en excuser.
Aujourd'hui, dans ce lieu impersonnel et laid,
nous sommes réunis sur ce même chemin
mais aux destins distincts.

Dans quelques minutes, nous serons tous,
chacun à notre tour, amenés à suivre les
instructions dictées à un rythme de métronome,
dénudés, allongés sur un côté imposé,
un tuyau infiltré dans le rectum
pour y insuffler assez d'air et tenter
d'y voir plus clair,
et enfin en découvrir les conclusions.

J'aimerais tellement pouvoir en rire
autrement que seule et en silence !

La salle d'attente

« Nous sommes très en retard ! » nous lance-t-il.
Nous sommes très en retard...
En retard... par rapport à quoi ?
Pour ... qui ? Pour ... quoi ?
Le temps qui passe, qui court, qui claque,
Tic tac, tic tac

J'en reprendrais bien plus d'un tour!
Tic tac, tic tac

Toujours
cette pression.
Etre dans la précipitation.
A quoi bon se bercer de cette illusion
d'être dans les temps ?
Illusion de maîtriser le temps,
ce temps qui passe, qui court
et qui s'arrêtera tôt ou tard,
pour chacun d'entre nous.

Tic tac, tic tac

Quand notre heure aura sonné,
de toute façon, nous ne serons pas prêts !

A quoi bon essayer d'être dans les temps ?

Le vrai rendez-vous à ne pas manquer
sera le dernier.
Et de toute façon, il y a fort à parier
que nous ne serons pas prêts !

                                        Tic tac, tic tac

Il est tentant de ne plus attendre l'orage
ou le beau temps pour plier bagage.

Tentant en vrai, de prendre ses responsabilités,
arrêter de se la raconter
et reprendre sa liberté.

Si tentant en vrai,
de se casser, partir, fuir,
retrouver ses mouvements, sa respiration,
échapper aux « il faut » et « je dois »,
les « fais ci » et « fais ça ! »

Si tentant de partir, déguerpir,
quitter cet endroit, ce lieu,
celle, celui ou même ceux -
quitte à se retrouver seule,
quitte à se retrouver.
Et tout réinventer !

Il est tentant en vrai de goûter
à sa liberté - juste pour vérifier
si son goût demeure inchangé.
Et se jurer de le préserver,
de ne plus l'oublier.

Le beau temps vient après l'orage,
Il est tentant de plier bagage.

Plier bagage (4)

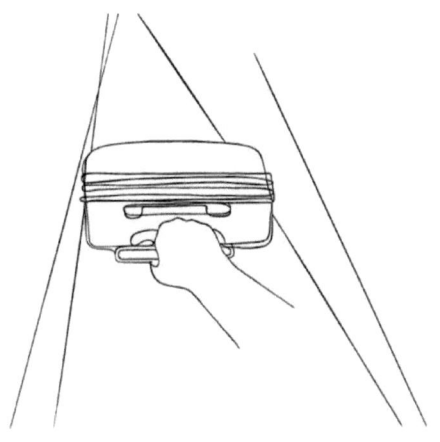

Je veux souffler mes bougies.
Les placer toutes sur le gâteau et les souffler.
En sourire et remercier.
Une année, une bougie.
Pour chaque bougie, une image,
une émotion, un souvenir.

Inviter le passé à refaire surface, le temps
de cet instant, où toutes rassemblées, serrées
les unes aux autres, comme solidaires de tant
d'épreuves surmontées, de tant de courage et
de persévérance, chaque tige allumée
se consume aussi vite que les secondes
s'égrènent de façon impartiale et immuable.

Passé rappelé et soufflé le temps de l'expire
avant de redevenir souvenir.
Ce passé qui ne fait plus partie de mon présent,
de ma vie et pourtant –
il en fait toujours un peu partie.
Le déposer sans pourtant le quitter vraiment.

Je veux souffler toutes mes bougies.
Souffler comme un merci.
Merci la vie.
Merci ma vie.
Merci !

Merci ! (22)

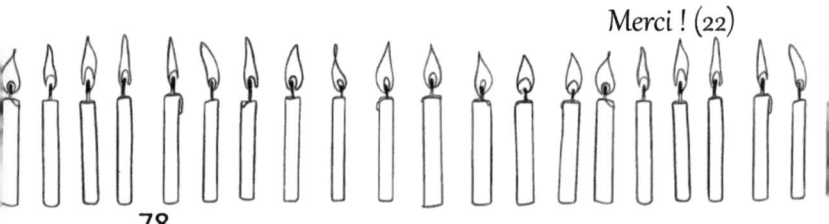

Ces meubles et objets sont ceux de mes parents.
Ils appartiennent à leur histoire, à mon royaume
d'enfant. Ils habillaient leur environnement.
Ils les avaient choisis et placés dans leur foyer.

Les plus précieux à mon cœur, sous mes pleurs,
j'en ai hérité.
M'y suis accrochée
comme autant de preuves
que j'étais bien l'une des leurs.

Tout est acté depuis des années. C'est écrit
quelque part, noir sur blanc, sur papier.
Au fil des ans, doucement, la poussière s'est
déposée sur ces meubles et objets.
Un infime voile sur notre passé.

Je peux désormais m'en séparer et avancer.
Créer ma vie, créer ce qui est à venir.

Il est temps de choisir et suivre mes désirs,
désirs promis à devenir réalités.

Allégés sont mon cœur, mon corps,
mon décor, mon intérieur.

Ma vie est ailleurs.

Ma vie est ailleurs

Comme l'oiseau sur la branche,
Je reste là, à rêver.
Contrairement à ce que vous pensez,
Je ne fais pas rien que rêvasser !

Lorsque je me pose sur la branche,
Les yeux grands ouverts sur le monde,
Je nous vois avec nos parts d'ombre.

Je regarde autour de moi
L'agitation, le bruit, la honte et l'immonde.
Que pensez-vous faire et savoir mieux que moi ?
Vous qui avez fait tout ce chemin -
Vous croyez vraiment être arrivés si loin ?

Comme l'oiseau sur la branche,
Je reste là, à rêver ma réalité.
Ça me fait du bien et je ne fais rien de mal.

Je suis partout. Je suis nulle part.
Je ne fais rien de mal, juste ma part,
Et ça me fait même du bien.
Ce n'est déjà pas si mal.

L'oiseau sur la branche, lui,
Malgré le spectacle affligeant
Que nous lui imposons en vivant
Comme nous le faisons,
Continue de chanter, lui.

Alors, comme l'oiseau s'agriffe à la branche,
Je m'accroche à mes rêves.
A défaut de les chanter,
J'y crois dur comme fer !
Et les doigts croisés, les yeux fermés,
Je fais le vœu de toujours et encore, l'entendre
                                      chanter.

Comme l'oiseau

Désir devenu réalité, sur le papier ainsi
qu'au quotidien, dans le ventre, les tripes,
le sang, mon sein,
les eaux et les illusions perdues,
dans l'oubli de celle que je ne suis déjà plus.
Chaque jour. Chaque nuit.

Je suis maman.
Je l'étais déjà depuis tant d'années,
dans ma tête puis, dans mon cœur, ma volonté,
mon besoin d'enfanter.
Chaque création, sa réalité.
Dès les tout-petits qui ne sont pas restés
jusqu'à celui qui allait être cette enfant née.

Je suis maman.
Un bien grand rôle.
Ce rôle qui, jamais ne me quitte.
Celui que je voudrais ne jamais
cesser de jouer.
Je le porte, l'habite
chaque jour comme si c'était le premier.
Chaque jour, comme si c'était le dernier.

Je suis maman.

Je suis Maman (19)

Certains maux sont tellement ancrés dans mon corps,
certains mots sont tellement encrés dans mon cœur,
que je ne peux ni les effacer, ni les réécrire
ou même les lire.
Imprimés au corps, ils ne peuvent être énoncés.
Ils ont marqué ma chair, mon esprit, au point de rester
non-dits.
En mon corps, imprimés, comme emprisonnés,
au bord des lèvres,
certains maux ne seront peut-être jamais libérés.
De mon cœur,
certains mots ne seront peut-être jamais livrés.

Au bord des lèvres (25)

A l'écoute de mon cœur

En terre,
j'imagine

la vie là-haut.
Aucun bruit dans le ventre originel
dont je ressens les battements
entre repos et sommeil.

Le calme enfin recouvré,
enveloppée, lovée
en ce centre, ce nid de terre,
accueillant, feutré, ouaté,
le calme enfin recouvré.

Morte pour certains.
Endormie pour les plus malins.
Les larmes des tristes, nourrissent
le charme et la beauté insoupçonnés
du monde souterrain.

Sous terre,
les habitants devenus mes voisins,
m'auront fait une petite place
et pourront ainsi se nourrir et se délecter.

Alors que les anges, les esprits,
l'Univers chantent dans la nuit,
la nuit noire pour ceux qui pleurent
et en oublient toute la magie,

j'imagine de dessous
la vie qui grouille là-haut
entre sommeil et repos -
le calme, enfin recouvré,
dans mon nid de terre, lovée.

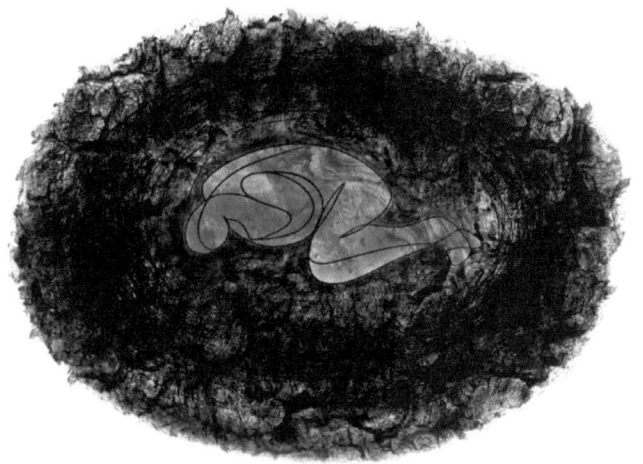

En terre,
entre repos et sommeil -
le calme, enfin recouvré,
dans mon nid de terre,
lovée.

Lovée (26)

Il m'a tenu la main
pour m'apprendre à marcher,
pour me protéger.

Il l'a lâchée, je me souviens,
parce qu'il désapprouvait le chemin
emprunté, sur lequel il refusait
de m'accompagner.

Main dans la main,
il a été mon témoin privilégié
le jour où je me suis mariée.

Sans mot dire, enfin,
je lui ai repris la main,
pour l'aider à traverser,
pour l'empêcher de tomber
et faire encore ensemble un bout de chemin.
Ce nouveau chemin que l'on s'accordait.

Aux derniers instants de sa vie
et de la mienne avec lui,
ses yeux fermés, les miens aussi,
j'ai posé ma main sur ses mains
fragilisées, fanées, fatiguées,
me suis blottie contre lui.

Enveloppe de chair, en une seconde, devenue inanimée.
Ensemble d'os, au repos bien mérité.
Dernier souffle rendu.
Dernier instant suspendu,
supplié de durer une éternité.

Ma main devait quitter les siennes.
Mains aux doigts désormais entremêlés
à tout jamais.

Nos mains (10)

Et le temps passe.
        C'est son passe-temps.
        Il passe autour de moi.
        Sur moi.
Ne se gêne pas d'en laisser des traces - pour ça -
    le temps n'en prend pas beaucoup -
pour marquer ma peau, creuser ses sillons,
marquer les plis, l'épiderme, les cernes.

        Passé un certain temps, on
        dirait même qu'il se
        dépêche. Il accélère la
        cadence. Temps qui passe
        et pousse les secondes, les
        unes après les autres, puis,
        bouscule les minutes, les
        heures, les années...

Lorsque le temps sera venu - celui du souffle
        dernier –
ma dernière heure, ma dernière minute, ma
        dernière

        seconde,

    lorsque le temps sera venu de le rendre,

je voudrais être prête.
Je voudrais être à la hauteur de l'événement...
Je voudrais être à la hauteur de mes attentes !

Le temps venu (11)

A l'écoute de mon cœur

Un jour, moi aussi, je serai oubliée.

Comme je le suis déjà pour la majorité
de ceux que j'ai croisés,
rencontrés
et pour certains même, aimés.

Chaque jour que je vis, je suis davantage oubliée.

Oubliée (27)

J'apprends, chaque jour, à accepter cette idée d'être

Table des matières

Les numéros accolés à certains titres renvoient à leurs murmures échappés et réunis dans le recueil *Mes murmures font le mur II*

Le nom de mon père (1) 7
Submersion 9
Les choses de la vie 10
Le monde 12
Qui ? (12) 14
Jusqu'où ? 16
Abandonnée 18
Au fond de soi 20
Lames d'eau 21
Si on se rencontrait 22
Clouée (9) 24
La maladie m'a sauvé la vie (14) 26
Peines perdues (6) 28
A tout prix (16) 30
Je ne suis pas autre 31
Le rasoir de son père (2) 32
A mots dévoilés 34
L'ongle (5) 35
Ennui 36
Vies oubliées 38
Ainsi va la vie 39
Sur moi 40
Sous le platane 42
Belle au bois dormant (3) 45
Miroir ! Miroir ! (20) 46

Unes (23)	48
Mes accords (21)	49
La vie	50
Que reste-t-il ? (8)	52
Etincelles (17)	54
Sauvheureuses !	55
Cadeau d'une vie (18)	56
Champ de batailles (13)	58
Par don (7)	60
Sous le ciel et sous-terre (24)	61
Hors de l'eau	62
J'ai mal à la tête	64
Un samedi midi	66
Humanité !	68
Le vivre	69
Rideau ! (15)	71
N'aie plus peur	72
La salle d'attente	73
Tic-tac, tic-tac	74
Plier bagage (4)	76
Merci ! (22)	78
Ma vie est ailleurs	79
Comme l'oiseau	80
Je suis Maman (19)	82
Au bord des lèvres (25)	84
Lovée (26)	86
Nos mains (10)	88
Le temps venu (11)	90
Oubliée (27)	92, 93

Anne-Cé Lebert

De l'autrice

A l'encre de mon cœur
Mes murmures font le mur I
Mes murmures font le mur II

Dépôt légal 1re publication : mai 2024
Dépôt légal nouvelle publication : mai 2025
Impression à la demande
Impression : Libri Plureos GmbH, Friedensallee 273,
22763 Hamburg, Allemagne

Instagram : @annecelebert
Courriel : annecelebert@gmail.com